Lic. Melina N. Gancedo

VIOLENCIA PSICOLÓGICA

Los engaños de una violencia invisible

Indice

Introducción

Existen diferentes formas en las que la violencia se manifiesta: física, económica, sexual, psicológica. Pero una de ellas es la que se necesita para desencadenar las otras.

La violencia psicológica es previa a otras formas de violencia.

Es quizás la más sutil.

La que más cuesta identificar. La que más rápido se naturaliza o justifica. La que más golpea, aunque todavía no se hayan presentado golpes físicos reales.

La violencia psicológica en términos generales es toda manifestación violenta que produce daños a la autoestima, a la personalidad, a la forma de ser, de pensar y de actuar de la víctima. Se trata de descalificaciones, denigraciones, críticas severas y crueles, insultos, amenazas, manipulaciones, burlas, acoso.

También, la violencia psicológica se da cuando hay violencia física potencial, como por ejemplo, hacer el gesto de que se realizará un golpe o ejercer violencia hacia objetos, paredes, puertas.

Estos actos pueden marcar el inicio de la violencia física concreta o simplemente pueden quedar ahí, sin embargo el efecto psicológico es de miedo, terror, paralización, confusión, shock.

Otras formas de violencia psicológica refieren a irrumpir en la víctima en sus decisiones, desde algo simple como la forma de vestir hasta algo tan complejo como sus vínculos sociales, llegando al punto del aislamiento para poder ejercer mayor dominio y manipulaciones sin la posible intervención de terceros.

Por último, podemos mencionar otra manifestación de la violencia psicológica que remite a atacar directamente la autoestima o la racionalidad de la víctima, con frases que se repiten de forma recurrente como, por ejemplo: "estas loca/o", "eres un/una inútil, no sirves para nada", "no vales para estudiar/trabajar", "nadie te quiere", "nadie te querrá como yo".

La violencia psicológica permite a quien la ejerza tener poder, control, dominación, mientras que quien la recibe siente terror, inestabilidad, confusión, vulnerabilidad, abuso y creencia de que no hay salida.

La violencia psicológica forma parte de un ciclo de la violencia. Por lo general, luego de que se desarrolle la etapa en la que se lleva a cabo el acto violento, la persona que la ejerció puede pedir disculpas, de forma sincera o no.

La víctima por miedo, amor, o cualquier otra razón, perdona. Comienza lo que se denomina Luna de miel. Esta etapa continúa hasta que la persona violenta empieza a sentir cierta tensión de la que se liberará ejerciendo nuevamente su violencia: generando terror, denigrando o amenazando a su víctima, desestabilizándola, tratándola como inferior o como un objeto con el cual puede jugar a su antojo.

La violencia psicológica no se produce únicamente en relaciones de pareja, puede darse en cualquier tipo de relación como por ejemplo, entre amigos, familiares o relaciones de trabajo.

Ghosting, desaparición y confusión

Realizar ghosting implica jugar perversamente con la presencia y ausencia de forma consciente y malintencionada.

Se trata de desaparecer, de forma abrupta y sin motivo, de la vida de una persona con la cual se tenía una relación constante y aparentemente buena.

Esta desaparición no está motivada por razones objetivas como una pelea o un problema personal que lleve a distanciarse de personas cercanas. Por ello genera gran confusión en quien lo padece, ya que no entiende qué pasó y se preocupa por la otra persona y por la relación interrumpida. Hasta incluso puede llegar a preguntarse si ha hecho algo que provocó el alejamiento y puede buscar razones y culpas en sí misma.

La desaparición puede deberse a varias intenciones de quien la realiza: alejarse de la persona sin querer dar explicaciones, lo cual puede verse como un acto de cobardía. Para quien realiza ghosting es sólo su forma de relacionarse y dejarse de relacionar con personas.

Desde este libro a esta intención o forma de relacionarse la percibimos como un acto de egoísmo, cobardía y/o ausencia de responsabilidad para con los demás. Esta primera intención es la menos malintencionada, ya que puede hablarnos de carencias de habilidades sociales y no necesariamente ser un ejercicio violento de poder.

Cuando hablamos de ghosting como una forma de violencia psicológica nos referimos al hecho de desaparecer como estrategia para generar algo en la otra persona.

A diferencia del primer ejemplo que se trata más de "escapar" de una relación a la cual no se es capaz de darle un fin a través de palabras y poniendo la cara, el ghosting es un ejercicio de violencia psicológica cuando tiene como objetivo provocar algo: culpa, confusión, celos, desesperación, castigo.

Cabe aclarar que para que se considere ghosting, la desaparición se debe dar en una relación que estaba consolidada o en proceso de consolidación. No se da a partir de un primer contacto con un desconocido. Se produce cuando la otra persona ya es un conocido, elegido, e incluso amado. Por eso la desaparición es tan significativa y difícil de entender.

También es importante resaltar que el ghosting se da con intención de dañar a la otra persona.

No se trata de ghosting el simple hecho de no responder un mensaje o llamada de forma ocasional o por estar ocupado o distraído.

El ghosting se trata de la decisión consciente de no responder, de alejarse de alguien como parte de una estrategia de ejercicio de poder.

Pero el ghosting no siempre implica sólo desaparecer para dañar a otros, sin dar explicaciones.

Así como la desaparición es abrupta e injustificada, esta puede ser acompañada, luego de un tiempo, de una reaparición abrupta.

La persona regresa como si nada, puede pedir disculpas, buscar excusas incoherentes y prometer que no va a volver a ocurrir, por lo que la relación retoma su curso.

Cuando la persona violenta regresa, todo vuelve a ser color de rosa. Se comienza así un ciclo perverso, en donde la persona violenta pasa de darlo todo a luego quitarlo todo, sin razones, sin palabras, sin explicaciones. Esto se traduce en: sin interés, sin empatía.

La persona que realiza ghosting no regresa por amor o por haber recapacitado en su accionar. Regresa porque lo necesita, regresa para su propia satisfacción y placer. Regresa porque su ego se alimenta de lo que recibe de su víctima y también se alimenta de lo que sufre su víctima.

Este juego perverso de darlo todo y luego privar de todo a la víctima se relaciona directamente con otra forma de violencia psicológica que analizaremos a continuación.

Love Bombing o Bombardeo de amor

El love bombing implica una forma de relacionarse que se da en dos etapas con diferencias significativas.

En la primera etapa la persona violenta demuestra cariño, interés y amor de una forma llamativamente excesiva. Sin embargo, no se trata de una forma de querer genuina y saludable.

El bombardeo de amor es una lamentable estrategia de manipulación con la cual quien lo ejerce provoca en la víctima una sensación de plenitud, alegría, entusiasmo, en torno a ese vínculo que incluso puede llegar a generar cierta dependencia emocional o a provocar modificaciones en el comportamiento general de la víctima y en especial en esta relación.

Como resultado de este bombardeo de amor, la víctima responde con un amor incondicional, se siente una de las prioridades de la otra persona y también la coloca como prioridad en su vida.

Esto puede traer consecuencias en la autoestima, los vínculos y los intereses de la víctima, ya que de forma inocente empieza a dedicar cada vez más tiempo a quien "tanto amor" le está dando.

Halagos constantes, regalos inesperados, sorpresas. Todo es color de rosa, pero un rosa en exceso.

Sin embargo, la víctima no suele notar este exceso como algo violento. Al contrario, cree que al fin encontró al amor de su vida. Quizás se sorprenda por las muestras exageradas de amor, pero lo ve tan sólo como eso, muestras de amor.

Esto se produce hasta que la persona violenta decide culminar esta etapa y pasar a la siguiente: del todo a la nada.

Por aburrimiento, estrategia de manipulación o para alimentar su ego, la persona violenta empieza a comportarse de una forma totalmente diferente, sin motivos aparentes. Aparecen reproches, menosprecios y manifestaciones explícitas de desinterés.

No llama, no contesta, desaparece de la escena de supuesto amor.

Consideramos que el bombardeo de amor es una estrategia o una técnica de manipulación porque estas muestras de amor no son saludables ni sostenidas con continuidad a lo largo del tiempo, sino que se reducen a un tiempo acotado para luego pasar a una segunda fase en donde se genera todo lo contrario. Se pasa del todo a la nada.

Se pasa de halagos, palabras de enamoramiento, regalos, actos que demuestran un supuesto amor del lado del victimario a la nada. Desde afuera, estos actos se pueden ver como exagerados, pero quien es la víctima no lo puede ver así.

Se encuentra como en una burbuja de amor, recibiendo quizás por primera vez un amor de este estilo. La víctima cree que es genuino y sincero, que ha encontrado el amor de su vida, que por fin alguien la ama como se merece. Sin embargo, llegará el momento en que el victimario va a poner fin a estas muestras, de repente y sin ningún motivo.

Como hemos dicho anteriormente, pasa de un excesivo dar todo a la nada misma.

La víctima empieza a preguntarse qué ha sucedido, qué ha hecho mal para que se corte esta forma de vincularse que "tan bien" le hacía antes.

La confusión empieza a ser parte de esta manipulación, destratos, indiferencia y silencios a modo de castigo.

La víctima busca saber qué está pasando pero del otro lado no hay nada. No hay palabras, no hay gestos de amor, no hay explicaciones.

Por lo general, puede percibirse en la víctima baja autoestima, necesidad de aprobación de los demás y cierta vulnerabilidad. Esto es captado ágil y cruelmente por el victimario.

Luego del bombardeo de amor, ese cuadro anterior empeora porque la víctima que no entiende por qué la otra persona ha cambiado drásticamente su comportamiento hacia ella, busca razones y principalmente las busca en sí misma. Por eso, como consecuencia del love bombing su autoestima queda denigrada, se siente poco, insuficiente o incapaz de tener una linda, buena y sana relación.

Luego de la fase de bombardeo de amor puede haber diferentes variantes según la dinámica de la relación y los intereses de la persona que ocupa el rol de victimaria.

Puede ser que esta persona se canse o se aburra del bombardeo y decida poner fin a esa manipulación simplemente desapareciendo (ghosting). Lo cual, como veremos más adelante, es lo mejor que le puede pasar a la víctima, porque hay otra opción peor: que se inicie un ciclo del todo a la nada, que se repite constantemente a lo largo del tiempo que dura la relación.

La persona manipuladora, luego de la segunda fase (silencio, distanciamiento inentendible y no explicado) puede regresar, pedir disculpas, buscar justificaciones, excusarse con algo que le ha pasado y que por eso ha tomado distancia y no ha podido dar explicaciones. Y el ciclo vuelve a empezar.

Se vuelve a mostrar extremadamente amoroso como lo hacía al principio hasta que nuevamente se aburra o se canse y decida iniciar la segunda fase. También puede ocurrir que encuentre a otra víctima.

Hay que tener en cuenta que en una relación sana hay una primera fase de enamoramiento, en donde las personas que componen esa relación generan una idealización de la otra persona, donde todo parece ser color de rosa. Con el transcurrir del tiempo esta idealización naturalmente empieza a caer, se empieza a conocer a la otra persona con sus defectos y virtudes y en eso radica una relación sana: poder comprender y aceptar las diferencias y los defectos de las otras personas, tener una comunicación asertiva, confianza y respeto mutuo.

Las fases iniciales de toda relación de pareja que refieren a este enamoramiento pueden dar lugar a la confusión, porque en esa primera instancia también se puede decir que cada una de las partes intenta darlo todo a los fines de conquistar a la persona elegida. Se trata del proceso de conocer a la otra persona y de conocerse a uno mismo dentro de esa relación.

Sin parámetros previos puede ser muy fácil caer en el love bombing porque si no se tuvo una relación previa se puede llegar a creer que esta forma de relacionarse es normal.

Es importante identificar ciertas conductas de la otra persona que pueden percibirse como exageradas o fuera de tiempo, ya que para desarrollar una relación se debe dar un proceso que lleva tiempo.

Sin embargo, cada relación es diferente, por eso no se puede establecer un parámetro de tiempo en el que se pueda declarar como tiempo mínimo para ciertas muestras de amor.

En caso de estar transitando una relación en la cual se pueda identificar una primera fase de bombardeo de amor, seguida de una fase de distanciamiento no explicado, es importante poner límites a tiempo.

La comunicación es uno de los pilares fundamentales de cualquier relación.
Si la otra persona decide distanciarse, está en todo su derecho de hacerlo. El

problema es que hacerlo sin tener la valentía de terminar la relación comunicándoselo a la otra persona, puede generar muchos daños en ella.

Por lo general, quienes realizan bombardeo de amor y ghosting son personas narcisistas, egoístas, que no tienen un interés y amor genuino hacia la otra persona, sino que simplemente lo que desean es satisfacer sus propios deseos y necesidades, sin importar el daño que pueda causar en otros.

También generalmente sucede que ese dar todo, de forma exagerada y constante, no es para complacer o halagar a la otra persona, sino que es un acto que alimenta su propio ego y ubica a la persona victimaria en un lugar de cierta superioridad. Lo cual está vinculado a la dependencia emocional que tiene la otra persona.

Frente a la dificultad que existe a la hora de distinguir genuinas acciones de amor y estrategia de bombardeo de amor es importante identificar cómo se desarrolla la relación a lo largo del tiempo:

- si hay una buena comunicación

- si hay verdadero respeto por parte de los miembros de esa relación

- si los actos de amor son genuinos o son ficticios y se contradicen con otros actos o dichos de la persona victimaria

- si las fases se repiten en un ciclo.

Identificar estas cuestiones lo antes posible es clave para evitar o para reducir los daños en la víctima.

Al hablar de una víctima y un victimario también debemos hablar de responsabilidad. De alguna forma podemos decir que ambas personas tienen cierto grado de responsabilidad pero de diferente manera.

El responsable de los daños ocasionados es sin dudas el victimario. Nunca la víctima es responsable de los actos y las decisiones de la otra persona. Nada justifica ningún hecho de violencia.

La responsabilidad de la víctima queda de alguna manera anulada en ese proceso en el cual se siente completamente vulnerada.

Sin embargo, la víctima puede retomar las riendas de su vida y hacerse responsable de aceptar que ha sido víctima de violencia psicológica y tomar acciones y decisiones vinculadas a alejarse con firmeza de esa persona.

La responsabilidad de la víctima empieza cuando ya pudo advertir la situación y, si bien no es fácil y puede llevar tiempo, es posible que pueda recuperar la responsabilidad sobre su vida, trabajar terapéuticamente para fortalecer su autoestima y su autoconfianza y para ponerle límites a esta persona que tanto daño le ha causado.

Si se sospechara desde el inicio que la otra persona es violenta y manipuladora sería fácil ni siquiera empezar esa relación. Pero, por lo general, cuando se inicia una relación de pareja es esperable y saludable confiar en la otra persona.

Silencio como castigo

Se trata de utilizar el silencio como un arma que lastima. Implica anular al otro en su carácter de persona, mostrarse indiferente frente a las necesidades, deseos o problemas de la otra persona.

Este silencio es parte de manifestar alevosa y cruelmente un desinterés total por la otra persona. Y esto ocurre de un momento a otro y sin ninguna causa aparente.

El silencio como castigo consiste en utilizar la ausencia de diálogo para generar malestar, incertidumbre, confusión y angustia en la otra persona, por ello, esta forma de violencia está íntimamente relacionada con el Ghosting.

La persona que recibe esta forma de violencia psicológica entra en una gran confusión y se pregunta qué pasó, qué hizo mal para que la otra persona le deje de hablar.

La **indiferencia**[1] puede ser otra forma de violencia que, implícitamente, denota desprecio y destrato. Es un silencio que angustia.

____

1   Extraído de Gancedo, M. (2020). Violencia de género: 5 claves para identificarla". Buenos Aires. Argentina

No hablamos del silencio elegido estratégicamente de modo temporal para darnos tiempo de calmarnos y poder luego dialogar, ya no desde la impulsividad ni con las emociones a flor de piel. Hablamos aquí del silencio como castigo, como ejercicio de poder, como acto de manipulación.

La indiferencia y la ausencia de interacción no son correspondientes a una relación sana. Son formas de agresión, donde la no-respuesta se vive en forma de angustia, de un vacío. Un vacío comunicacional que se traduce en vacío emocional y si toda la atención está dirigida a la persona que nos ignora, no queda nada. Todo se vuelve angustiante, el deterioro es generalizado y no se visualiza una solución posible. La persona, queda anulada como tal. Sin embargo, también debemos entender un mensaje en el no-mensaje, porque el silencio es una elección y un acto de comunicación. Sea por el motivo que sea, el mensaje no dicho es "no me importas".

La falta de ida y vuelta en la comunicación desestabiliza, confunde y no expresa otra cosa que desinterés y desprecio. Si la interrupción del diálogo es abrupta se vivencia con confusión, duda y hasta culpa, experimentando interrogantes acerca de si uno mismo hizo algo mal como causa de este silencio inexplicable.

En todo caso, esta conducta no es señal de una relación sana. Todo esto genera un grandísimo desgaste emocional y el hecho de continuar insistiendo en generar un diálogo y esperar, sin resultado positivo, una mínima interacción, se paga con un **alto costo psíquico.**

Por lo cual, si la indiferencia no cesa, no hay un cambio de posicionamiento por parte del otro y la víctima experimenta un deterioro físico y mental que continúa o empeora, las únicas opciones que quedan son alejarse de este tipo de vínculo, aprender de dicha experiencia relacional y fortalecer la autoestima, herida por el desgaste emocional padecido.

Cricketing, o dejar en "visto" de forma malintencionada

El término cricketing deriva del "cricri" característico de los grillos, que representa un silencio que incomoda, molesta, o hasta incluso puede generar incertidumbre, ansiedad y angustia. Se trata del silencio y la no respuesta en mensajes o llamadas.

Es una forma de utilizar la no respuesta para generar algo en la otra persona. Puede ser una de las formas de usar al silencio como castigo, como hemos visto anteriormente, o para manipular a la otra persona, hacerla esperar, generar expectativa o incertidumbre.

Recordemos que, al igual que en el caso del ghosting, para considerar este acto como una manifestación violenta, debe haber en la otra persona la intención de dañar, de elegir dejar en visto con el fin de preocupar al otro, o mostrar desinterés, menosprecio o incluso rechazo.

El cricketing implica la elección voluntaria y a conciencia de dejar mensajes en leído o visto y no responder durante varios días, semanas o incluso meses. El objetivo es producir incertidumbre, confusión, frustración, e influir emocionalmente en la otra persona.

Es una forma de ejercer poder sobre la otra persona, manipularla y tenerla en situación de espera y sumisión.

<u>Gaslighting</u>

La palabra gaslighting proviene de una obra de teatro y posterior película llamada "Gasligh" ("Luz de gas" o "Luz que agoniza"), en la cual el marido ejerce violencia psicológica sobre su esposa, con el fin de manipularla y hacerle creer que está loca.

Esta forma de violencia psicológica es bastante compleja porque de no advertirse, puede provocar en la víctima graves consecuencias en su psiquismo, atacando su autoestima y generando inestabilidad emocional y confusiones sobre la racionalidad propia.

El gaslighting consiste en hacer creer a la víctima que está confundida respecto a algo que la persona violenta ha dicho o ha hecho realmente pero que manifiesta desconocer, dando a entender que la víctima está equivocada, inventando, mintiendo, o que tiene problemas mentales o está enloqueciendo.

Entonces en el gaslighting la persona violenta insiste que no dijo lo que dijo, o que no hizo lo que realmente hizo, y la víctima, cada vez más vulnerable, viviendo estos hechos sostenidos en el tiempo, puede dudar de su credibilidad, razonamiento, racionalidad.

¡¡Puede llegar a creer que está loca!!

La persona que desarrolla esta estrategia violenta utiliza mentiras, negaciones y hasta incluso puede llegar a realizar actos para confundir a la víctima, como por ejemplo, mover un objeto de lugar y luego fingir que lo busca y necesita, con el fin de culpar a la víctima de haber movido o escondido el objeto.

Este hecho, aunque pueda parecer mínimo, puede ser sólo el inicio de una escalada creciente de actos cada vez más graves, ya que a lo largo del tiempo, si este mecanismo se repite, genera cada vez más confusión y desorientación en la víctima que puede llegar a cuestionarse toda su realidad, incluyendo lo que piensa, hace y dice.

El gaslighting se trata de una estrategia de la persona violenta para controlar a la víctima, ejercer poder sobre ella al denigrarla y disminuir su pensamiento crítico, su autoestima y su estabilidad emocional.

Genera confusión y dudas en la víctima sobre sí misma y sus funciones cognitivas como la memoria o la atención, hasta el extremo de que se cuestione su nivel de cordura.

Culpabilización-victimizacion

Como hemos visto anteriormente, generar confusión es un elemento clave a la hora de ejercer violencia psicológica.

Esta confusión puede provocarse debido a la culpabilización que se ejerce como violencia. La persona violenta no reconoce sus actos o errores y culpa a la víctima de todo lo que pueda.

Victimizarse suele surtir efecto a menudo. Debido a la vulnerabilidad de la víctima puede llegar a culparse de aquello sobre lo cual no tiene ningún tipo de responsabilidad, como por ejemplo la reacción violenta de otra persona. Cada persona reacciona como puede o quiere, nada justifica las agresiones. Pero es muy común que ante una discusión o conflicto, la culpa sea dirigida hacia la verdadera víctima, quien, al estar inmersa en un ciclo de manipulación psicológica, tiene dificultades para observar con precisión quién es realmente culpable de lo sucedido.

Una persona con la autoestima vulnerada suele presentar sentimientos de culpa. Puede sentirse insuficiente, incapaz, inútil. Y estas creencias encajan perfectamente con las intenciones manipuladores de quien ejerce la violencia psicológica.

Por eso se suele decir que víctima y victimario se complementan de alguna manera. Una persona acusa y culpa a otra que se cree esas acusaciones.

Este trabajo manipulador se hace poco a poco. La persona violenta va atacando a la víctima de forma creciente.

Primero lo hace con palabras o gestos sutiles que pueden confundirse con errores sin mala intención, y puede llegar a insultar explícitamente, humillar de forma pública y privada, burlarse, denigrar, menospreciar consciente y activamente.

Y cuando se utiliza la culpabilización-victimizacion, la persona violenta proyecta su ira, frustración y malestar en la otra persona, culpándola de todo lo posible y colocándose a sí mismo como la víctima de lo sucedido o incluso la víctima de la relación.

Esta estrategia violenta puede no ser advertida por la víctima, quien todavía se cree las palabras y acusaciones de la persona violenta.

De afuera quizás sea fácil detectarlo por parte de terceros, pero estando en una relación violenta el sentido común, el pensamiento crítico y el criterio para entender qué es lo correcto pueden estar alterados debido a las embestidas sistemáticas de la persona violenta.

Falsas preocupaciones: una forma de controlar y manipular

Otra manera de ejercer violencia psicológica es a través de demostrar falsas preocupaciones que ocultan otras intenciones: controlar a la víctima, decidir sobre su vida, recortar cada vez más sus decisiones para ejercer el máximo poder posible.

Una forma de esta violencia consiste en insistir a la víctima para que se aleje de determinadas personas que "no le convienen", "no están a su altura", "no son buena gente", "no le hacen bien".

Esto, que aparenta ser un intento de proteger a la víctima, en realidad oculta el deseo y la necesidad de producir el aislamiento de la víctima.

Una víctima que está sola es más fácil de dominar que aquella que tiene vínculos que le pueden hacer ver que está sufriendo violencia.

El aislamiento es fundamental para el ejercicio de la violencia.

Otra forma de manifestar esta violencia implica obligar a la víctima a que modifique su forma de ser, de hablar, de vestir, de comportarse, con el único fin de que la persona violenta consiga beneficios al poseer el poder y el control de la víctima.

Por último, otra manera de manifestar una falsa preocupación con el fin de ejercer control es a través de los celos, excesivos y patológicos.

Los celos enfermizos suelen estar justificados por la propia víctima con creencias del estilo: "es que me ama y me cuida mucho por eso se pone así", "por mi culpa se enojó" o "yo le fallé".

La responsabilidad cae unilateralmente en una persona y el sentimiento de culpa genera confusiones. Este aspecto se relaciona directamente con la estrategia culpabilización-victimización que ya hemos abordado.

Es importante comprender que los celos NO son muestra de amor, si no de desconfianza e inseguridad por parte de la persona violenta.

Una falsa preocupación que se presenta en forma de celos excesivos es una manera de manipular y ejercer poder y control sobre la víctima.

Superioridad y devaluación

Marcar la diferencia entre quién es supuestamente "superior" y quién es inferior es clave a la hora de ejercer violencia psicológica.

La persona violenta se cree o se presenta como superior, con mayor saber, experiencia, talento, mientras que necesita ubicar a la persona violentada como inferior, a través del mecanismo que se conoce como devaluación. Esto le permite pensar que tiene el derecho de ejercer poder sobre la otra persona, descalificándola de todas las maneras posibles: atacando su autoestima, sus capacidades, su físico, sus ideas, sus acciones, sus sentimientos, sus amistades, su familia, su vida entera.

La persona violenta tiene como objetivo hacer creer a la víctima que no sirve para nada, que no tiene nada bueno.

Puede ocurrir que la persona violenta realmente piense eso de la víctima, o quizás no, pero utiliza la devaluación para vulnerarla más y posicionarse con una supuesta superioridad que claramente no tiene pero así necesita mostrarse.

Pautas para identificar y terminar con la violencia psicológica

Una pauta fundamental es identificar aquellas conductas que se enmarcan dentro de la violencia psicológica, pero que, a simple vista no son percibidas como tales.

Si hay faltas de respeto, denigraciones, acusaciones injustificadas, insultos, intento de decidir por la otra persona o de cortarle vínculos sin motivo aparente, si hay engaños con el fin de hacer creer a la otra persona que es incoherente o está loca, si se juega perversamente con los silencios y desapariciones como castigo o manipulación, podemos pensar en actos de violencia psicológica.

Y si alguna o algunas de estas formas se repiten a lo largo del tiempo, podemos identificar que se ha establecido un ciclo de violencia psicológica.

Y esta es una segunda pauta importante: la sistematización a lo largo del tiempo. Es así como se va conformando un ciclo de violencia, en donde se repite el accionar violento.

Al detectar que un acto que realiza una persona vulnera a otra, hay denigración, ejercicio de poder, se coarta la libertad de decidir sobre sí misma, podemos pensar que se trata de una manifestación de violencia psicológica.

Como la violencia psicológica puede ser la más sutil de todas las violencias es muy difícil de detectar.

Una vez identificadas estas cuestiones es importante poner límites o fin a esta relación.

En este punto volvemos a insistir en que alejarse y poner fin a una relación violenta no es una decisión fácil de tomar.

En primer lugar no es fácil porque tampoco es fácil reconocerse víctima de violencia y una vez que se logra entender que se está en una relación violenta pueden aparecer factores como el miedo, la dependencia emocional o amenazas que hacen más difícil el fin de la relación.

Por ello es importante que quien esté dentro o saliendo de un vínculo de violencia psicológica pueda recuperar y fortalecer su autoestima, atacada y vulnerada durante el ciclo de violencia.

Entonces, en resumen, primero es fundamental reconocerse víctima para dejar de serlo. Y en ese proceso cuidar y fortalecer la autoestima es clave.

La autoestima se podrá fortalecer al:

- Retomar o consolidar relaciones sanas, con seres queridos

- Iniciar terapia

- Realizar actividades que le generen paz y bienestar

- Tener hábitos saludables

- Ocuparse de la salud física y mental

- Hacer ejercicio físico

- Encontrar hobbies y actividades placenteras que ayuden a la víctima a reconectarse con el placer y desarrollar o fortalecer sus capacidades y virtudes.

- Analizar sus relaciones y los efectos que generan. Tomar decisiones respecto a los vínculos. Poner límites o distancia según el análisis realizado. Fortalecer, limitar o eliminar relaciones.

- Prestar atención a los sesgos positivos: extrañar lo bueno de la relación o inclinar la balanza en los aspectos positivos, lleva a olvidar los grandes daños padecidos.

- Analizar creencias limitantes del tipo "sin él/ella no soy nadie" "mi vida no tiene sentido sin él/ella", "la/lo necesito en mi vida", "no fui suficiente", "nunca tendré buenas relaciones", "no sirvo para el amor", "nadie me quiere ni me querrá".

- Y por último y fundamental, NO minimizar los actos de violencia, no justificar, ni buscar la

responsabilidad en la persona
que la padece.

Palabras finales

La violencia psicológica es la forma de violencia más difícil de identificar. Por eso se considera como una violencia invisible.

No deja marcas a la vista, pero sí deja marcas en el psiquismo, marcas que pueden vulnerar y dañar a la víctima durante años o incluso toda su vida.

La violencia psicológica es la manifestación previa a todas las demás formas de violencia.

Se necesita de una víctima vulnerada en su autoestima, personalidad, amistades, trabajo, capacidades, acciones, y en todas las áreas de su vida en general para poder ejercer el control, el poder y el sometimiento propios de la violencia psicológica.

Es clave identificar si estás padeciendo algún tipo de violencia psicológica.

Una vez identificada esta situación, es importante tomar decisiones al respecto, antes de que produzca consecuencias significativas en tu psiquismo, autoestima y estabilidad emocional.

Anexo

Cuestionario para la identificación de violencia psicológica

El siguiente cuestionario es una adaptación del libro *Violencia de género: 5 claves para identificarla*[2].

Está conformado por una serie de preguntas a fin de contribuir a la identificación y prevención de la violencia.

El objetivo general de este conjunto de preguntas consiste en desnaturalizar situaciones de violencia, invisibilizadas y asentadas sobre mitos, prejuicios y

2 Gancedo, M. (2020). Violencia de género: 5 claves para identificarla. Buenos Aires. Argentina

creencias limitantes que pueden ocultar

o minimizar un caso de violencia.

¿Te desvaloriza con frases del tipo: "eres un/a inútil", ¿para qué quieres trabajar/estudiar si eres incapaz"?, "todo lo haces mal", "mira cómo me pones"?

¿Te dice que estás loca/o?

¿Te culpa de actitudes que tiene él/ella? "Por tu culpa me he puesto así".

¿Critica cómo te vistes o te dice cómo debes vestir?

¿Te reprocha cuando te reúnes con familia o amigos?

¿Prefiere que te quedes en casa?

¿Se molesta cuando sales?

¿Intenta decidir por ti?

¿Sientes que tu autoestima va en descenso?

¿Te sientes humillada/o por él/ella?

¿Le tienes miedo?

¿Te amenaza?

¿Te cela y controla?

¿Te revisa el celular?

¿Realiza actos violentos que no se dirigen directamente a ti? (arrojar o romper objetos, portazos, violentarse con mascotas)

¿Se disculpa tiempo después de su acto violento, lo perdonas y luego vuelve a ejercer violencia contra ti?

En caso de haber respondido afirmativamente a una o más preguntas es importante empezar a analizar dicha relación y si se identifican rasgos de violencia psicológica, buscar ayuda en familiares, amigos y/o profesionales para iniciar el proceso de corte y salida del vínculo violento y recuperación y fortalecimiento de la autoestima.

Sobre la autora

Melina Gancedo es Licenciada en Psicología, especialista en prevención y tratamiento de adicciones, psicotraumatología y desarrollo personal.

Egresada de la Universidad Nacional de La Plata, se ha desempeñado como psicóloga en consultorio privado, A.D.A.R. servicio especializado en adicciones de Caritas La Plata y en la Comunidad Terapéutica Volver A Crear. Es autora de libros como:

"De Adicciones, Sustancias y Personas". RV Ediciones. (2018)

"Vivir después del dolor". RV Ediciones. (2020)

"Ser y Vivir a Conciencia. Mindfulness + Psicología (y un modo posible de tratar adicciones)" "

"Violencia de Género: 5 claves para identificarla"

"Tabaquismo: primeros pasos para dejar de fumar tabaco"

"Orientación Vocacional: Elegir a conciencia. Mucho más que elegir una profesión"

"Una adicción en la familia"

"Los otros objetos de la adicción. Acerca de cómo nos afecta la dependencia emocional"

"Curso en PDF: Entender las adicciones"

"Ludopatía, un juego que no es juego"

"Estrés laboral: riesgos y salud en jaque"

"Bullying: prevención y detección temprana"

"Psicoeducación de las emociones"

"Hábitos saludables para reducir el estrés y la ansiedad"

"4 claves para entender el alcoholismo"

"Yo, ¿a psicoterapia?"

"Guía para reducir la ansiedad de la vida cotidiana"

"Prevención de las adicciones en el trabajo"

"3 pasos para crear y mantener relaciones saludables"

Además colabora con artículos sobre salud mental en revistas locales de la Ciudad de La Plata y sitios web y es coautora del libro "Violencia y Maltrato" y compiladora del libro "Teoría y clínica en el tratamiento de las Adicciones" (2019; Ricardo Vergara Ediciones).